INFIEL

AGRADECIMIENTO

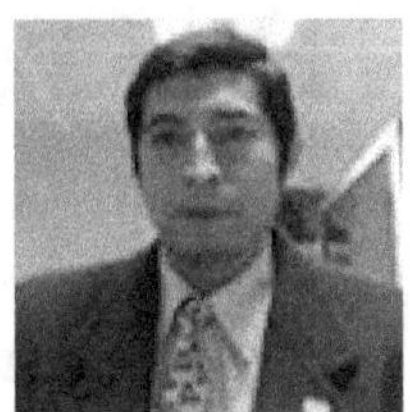

**Mi nombre es Jorge Sarango
Soy Licenciado en Ciencias
Empresario y Escritor de
libros como INFIEL
Mi Agradecimiento Y
Dedicatoria a mis 4 hijas
Silvana, Evelin. Lorena
y Bea .**

ÍNDICE

INFIEL

INFIEL

Cuernos

INTRODUCCIÓN

En un mundo donde los caminos del deseo se entrelazan con las complejidades del compromiso, se teje la historia de "Infiel".

Este relato desgarrador y apasionante explora los límites

borrosos entre la lealtad y la tentación, ofreciendo un viaje emocional a través de los corazones vulnerables de aquellos que se atreven a desafiar las convenciones sociales.

En el fulgor de un encuentro fortuito, nuestra protagonista, Laura, se ve envuelta en una conexión con el enigmático Gabriel, desencadenando una serie de eventos que desafiarán su propia moral y la estabilidad de las relaciones que juró proteger. "Infiel" no sólo examina la fragilidad de las promesas matrimoniales, sino que también desentraña las complejidades de la naturaleza humana, explorando las emociones tumultuosas que se desatan cuando la pasión y la responsabilidad chocan en un choque de deseos irreprimibles.

A medida que nos sumergimos en esta trama, nos enfrentamos a la pregunta universal:

¿Qué sucede cuando el corazón se ve dividido entre el compromiso y la tentación?

¿Cómo se reconcilian las decisiones apasionadas con las obligaciones conyugales? "Infiel" invita al lector a explorar los rincones oscuros de las relaciones humanas, donde los secretos florecen, los corazones se rompen y la redención se busca entre los escombros de la traición.

Prepárese para adentrarse en un mundo donde los cuernos de la infidelidad se entrelazan con la complejidad del amor, desafiando las convenciones y exponiendo las verdades incómodas que residen en el corazón de cada relación. "Infiel" es más que una historia de amores prohibidos; es un viaje cautivador que invita a la reflexión sobre la naturaleza misma del compromiso y las consecuencias ineludibles que acompañan a cada elección apasionada.

CAPÍTULO 1 EL ENCUENTRO

La sala resplandecía con la luz tenue de las velas, y el murmullo de la gente creaba un telón de fondo vibrante en el exclusivo evento social.

Laura, vestida con elegancia, se encontraba entre la multitud, buscando familiaridad en rostros desconocidos.

Los candelabros lanzaban destellos dorados sobre los vestidos de gala y los trajes impecables, creando un aura de opulencia.

Fue entonces cuando sus ojos se encontraron con los de un hombre que parecía haber emergido de las sombras.

Gabriel, de mirada penetrante, capturó la atención de Laura de una manera que desafiaba toda lógica.

Un momento, un simple cruce de miradas, y el curso de sus vidas quedó sellado en el tejido del destino.

Iniciaron una conversación casual que pronto se tornó en algo más profundo.

La química entre ellos era palpable, una fuerza magnética que los atrajo sin remedio.

A medida que compartían risas y secretos en medio del bullicio festivo, la conexión entre Laura y Gabriel se volvía cada vez más evidente.

Los minutos se desvanecieron en horas, y el mundo exterior pareció desvanecerse mientras los dos se sumergían en un diálogo íntimo.

En ese encuentro fortuito, ambos sintieron la chispa de algo incontrolable, una llama que amenazaba con incendiar las fronteras de lo permisible.

Sin embargo, al final de la noche, cuando se separaron entre la multitud, el peso de sus compromisos anteriores los recordó de manera implacable.

Laura regresó a su vida cotidiana, pero la memoria de Gabriel la persiguió como una sombra tentadora.

El capítulo inaugural de "Infiel" se cerró, pero el eco de aquel encuentro resonaría en los días por venir, desencadenando una cadena de eventos que desafiarían la estabilidad de sus mundos preestablecidos.

CAPÍTULO 2 TENTACIÓN CRECIENTE

Los días que siguieron al encuentro con Gabriel dejaron a Laura sumida en una extraña dualidad emocional.

Su mente luchaba contra la atracción creciente, mientras su corazón buscaba refugio en la seguridad de su vida establecida.

Sin embargo, la semilla de la tentación había sido plantada, y crecía vigorosamente en el jardín de su conciencia.

Los mensajes ocasionales y las llamadas furtivas entre Laura y Gabriel se volvieron la nueva rutina.

Cada palabra intercambiada era como un paso más en un sendero peligroso, y la tensión entre sus mundos opuestos se intensificaba con cada encuentro clandestino.

A pesar de sus mejores esfuerzos por resistir, Laura se encontró cada vez más atraída hacia Gabriel.

La complicidad que compartían, los susurros clandestinos y las miradas cargadas de significado se convertían en la salva que alimentaba el fuego de su deseo prohibido.

Los días se volvían noches de insomnio, donde la elección entre la lealtad y la pasión se presentaba como un cruel dilema.

 La promesa de lo desconocido eclipsaba la seguridad de lo familiar, y Laura se debatía entre la responsabilidad y el anhelo ardiente que crecía en su pecho.

En este capítulo de "Infiel", las barreras éticas se desdibujaban gradualmente.

Laura se encontraba en un precipicio emocional, con el vértigo de la tentación aumentando con cada paso más cerca del abismo de la infidelidad.

¿Podría resistir la fuerza magnética de lo prohibido, o sucumbiría a la atracción que amenazaba con cambiar irrevocablemente el curso de su vida?

CAPÍTULO 3 CONFLICTOS INTERNOS

El eco del encuentro con Gabriel resonaba en la mente de Laura como una melodía inolvidable.

Cada paso que daba sumía más profundamente en un conflicto interno que arremetía contra la estabilidad de su ser.

Su mundo, antes ordenado y claro, se volvía borroso ante la creciente tormenta de emociones.

Las primeras luces del amanecer la encontraron en el silencio de su hogar, con la mirada perdida en la nada.

La cama, testigo silencioso de los secretos que la atormentaban, se convirtió en un refugio solitario donde los pensamientos tumultuosos de Laura la envolvían como una manta oscura.

Día tras día, luchaba contra las olas de culpa y deseo que se estrellaban en las paredes de su conciencia.

Los recuerdos de su compromiso, de las promesas hechas en un altar lejano en el tiempo, se enfrentaban a la tentación palpitante que representaba Gabriel.

Cada latido de su corazón parecía resonar con la dualidad de sus deseos y obligaciones.

Las horas se deslizaban en un juego incesante de contradicciones.

Mientras realizaba las tareas cotidianas, su mente divagaba hacia territorios peligrosos, donde la sombra de la traición se perfilaba en cada esquina de su consciencia.

La vida cotidiana se convertía en una danza incómoda entre dos mundos: el que conocía y el que anhelaba en secreto.

En el espejo, sus ojos reflejaban la lucha interna.

La mujer que veía no era solo Laura, la esposa comprometida; ahora, también era la que se asomaba al abismo de lo desconocido, tentada por la promesa de una pasión que amenazaba con consumirla por completo.

"Infiel" exploraba la tormenta que rugía en el alma de Laura.

Los conflictos internos, como un huracán emocional, dejaban a su paso la devastación de las certezas que alguna vez sostuvieron su vida.

¿Cómo podría reconciliar la mujer que era con la mujer que ansiaba ser?

¿Podría encontrar la paz en medio de la guerra entre la lealtad y la pasión, o sucumbiría ante la tormenta que crecía en su interior?

CAPÍTULO 4 ENCRUCIJADA

La vida de Laura se convirtió en un laberinto de decisiones, cada esquina marcada por la encrucijada de elecciones que definirían su destino.

El encuentro con Gabriel había dejado una marca imborrable, y ahora, en medio de la encrucijada emocional, se veía obligada a enfrentar las consecuencias de sus acciones.

En la penumbra de su hogar, Laura se debatía entre el deber y la pulsante atracción que la guiaba hacia un territorio desconocido.

La realidad de la encrucijada se desplegaba ante ella como una sombra ineludible, sus límites difuminados por la incertidumbre del mañana.

Las noches se volvían testigos de su conflicto, donde la almohada se convertía en confidente de sus suspiros y lágrimas.

Las opciones se presentaban como senderos divergentes, cada uno llevándola a destinos opuestos: uno marcado por la estabilidad de su vida actual, el otro, por la promesa de una pasión desbordante.

Los susurros de la tentación y los ecos de sus compromisos resonaban en cada paso que daba, como un eco constante que la guiaba por la encrucijada.

La mente de Laura se convertía en un torbellino de preguntas sin respuesta y anhelos reprimidos.

 "Infiel", las decisiones pendían en el aire como frutas maduras, y Laura se encontraba en el dilema de elegir entre la seguridad conocida y la incertidumbre embriagadora.

¿Cedería ante la atracción que la llamaba desde la oscuridad, o resistiría el encanto seductor que amenazaba con desmantelar la estructura de su vida hasta entonces ordenada?

La encrucijada se expandía, y Laura debía tomar una decisión que no solo cambiaría su destino, sino que también dejaría una marca imborrable en los corazones de aquellos que la rodeaban.

CAPÍTULO 5 SECRETOS DESVELADOS

El peso de los secretos compartidos entre Laura y Gabriel crecía con cada encuentro furtivo.

En la penumbra de la complicidad, se gestaba una conexión que amenazaba con exponerse a la luz.

La tensión de lo oculto se volvía palpable, como una sombra

alargada que se proyectaba sobre sus vidas cotidianas.

El telón de la confidencialidad se rasgó cuando un confidente inadvertido descubrió la verdad.

El secreto, antes compartido solo por Laura y Gabriel, ahora se extendía como una grieta en la realidad que ambos habían construido.

La revelación amenazaba con desatar una tormenta de consecuencias imprevisibles.

La confrontación era inminente, y Laura se veía atrapada entre la necesidad de encarar la verdad y el temor a perderlo todo.

Las palabras no dichas y las mentiras por omisión se volvían espinosas, creando un campo minado emocional que debía ser atravesado.

Las miradas acusadoras y las palabras cargadas de decepción caían como gotas de lluvia, empapando la relación de Laura con aquellos que la rodeaban.

La traición se insinuaba en el aire, y el capítulo de secretos desvelados amenazaba con desgarrar la trama cuidadosamente tejida de sus vidas.

La confianza, una vez sólida como roca, se convertía en polvo entre los dedos de Laura.

El precio de la verdad se manifestaba en las lágrimas de aquellos que amaba y en las grietas que se formaban en las relaciones que había jurado proteger.

En "Infiel", exploraba la naturaleza volátil de los secretos y cómo, una vez desvelados, podían alterar irreversiblemente el curso de las vidas entrelazadas.

El tablero se volvía a configurar, y Laura se encontraba en el epicentro de la tormenta, enfrentándose a las consecuencias de la verdad que, como una espada de doble filo, cortaba a través de la ilusión de sus vidas previas.

CAPÍTULO 6 CONFRONTACIONES EMOCIONALES

La verdad desnuda se cernía sobre Laura y Gabriel, y con ella, una marea de emociones que amenazaban con desbordarse.

Las confrontaciones emocionales se volvían inevitables, y las palabras reprimidas, como un torrente represado, buscaban su escape.

Laura se encontraba en el epicentro de una tormenta emocional, enfrentando la ira, el dolor y la confusión de aquellos a quienes había herido.

Las lágrimas, antes contenidas, fluían libremente, y las voces elevadas resonaban en la sala, llevando consigo la carga de años de silencios no expresados.

Gabriel, también, se veía envuelto en un vendaval emocional.

Las miradas de reproche y las palabras hirientes perforaban su ser, haciendo que enfrentara las consecuencias de su papel en la intrincada red de engaños tejida junto a Laura.

El pasado y el presente colisionaban en un choque de realidades, y las promesas rotas resonaban en el aire como un lamento persistente.

Las relaciones fracturadas se extendían como grietas en un

espejo, reflejando la dolorosa verdad que yacía bajo la superficie.

Las palabras, afiladas como cuchillos, se lanzaban de un lado a otro en una danza emocional intensa.

Los gestos de desesperación y las expresiones de angustia pintaban un cuadro de caos y desolación.

La confrontación no solo era verbal, sino también una lucha de almas en busca de redención y comprensión.

En "Infiel", desentrañar las capas de las relaciones fracturadas, mostrando la vulnerabilidad cruda de los personajes.

Las confrontaciones emocionales se convertían en el crisol donde se forjaban nuevas comprensiones y, tal vez, la posibilidad de sanar las heridas profundas que la verdad había dejado a su paso.

CAPÍTULO 7 REMORDIMIENTOS

Los remordimientos pesaban como piedras en el alma de Laura y Gabriel, una carga que amenazaba con aplastarlos bajo el peso de las decisiones impetuosas.

Las sombras de la traición y la infidelidad se proyectaban sobre ellos, y el eco de las confrontaciones emocionales resonaba en cada rincón de sus vidas.

La claridad post-confrontación llevó consigo una oleada de remordimientos, como mareas impetuosas que inundaban sus pensamientos.

Laura se encontraba en un estado de autoevaluación dolorosa, repasando cada momento que la había llevado al precipicio de la traición.

Cada palabra no dicha, cada gesto malinterpretado, se transformaba en un espejo que reflejaba la complejidad de sus elecciones.

Gabriel, también atormentado por los remordimientos, se enfrentaba a la realidad desgarradora de sus acciones.

Las lágrimas de aquellos a quienes había lastimado marcaban su camino hacia la penitencia, y cada paso resonaba con la amarga comprensión de las consecuencias de sus decisiones.

El capítulo de remordimientos era como una paleta de colores oscuros y grises, donde los personajes se pintaban a sí mismos con las tonalidades de la autocrítica y el arrepentimiento.

Las noches se volvían largas, y el insomnio era su único compañero, mientras la sombra de los remordimientos se extendía sobre ellos como un manto perpetuo.

A medida que se adentraban en el oscuro territorio de sus propias culpas,

 Laura y Gabriel buscaban redención, una oportunidad de enmendar el tejido roto de sus vidas.

"Infiel" exploraba el capítulo de remordimientos como un rincón sombrío donde la esperanza luchaba por emerger entre las grietas de las decisiones erróneas y las lágrimas derramadas en nombre

del amor perdido.

CAPÍTULO 8 EL PRECIO DE LA TRAICIÓN

La traición, como una sombra oscura, se había insinuado en los rincones más íntimos de las vidas de Laura y Gabriel, tejiendo una red de consecuencias que se extendía más allá de su relación clandestina.

El capítulo 8 de "Infiel" desentrañaba las complejidades del precio que ambos estaban pagando, un tributo amargo que resonaba en cada rincón de sus existencias.

La esencia de la traición colgaba en el aire como un perfume venenoso, impregnando las interacciones cotidianas con un peso insoportable.

La confianza, alguna vez firme como una roca, se desmoronaba en fragmentos irrecuperables.

La traición no solo había fracturado la conexión entre Laura y Gabriel, sino que también había dejado cicatrices indelebles en aquellos que se encontraban atrapados en el torbellino de secretos y mentiras.

La confrontación con las repercusiones de sus acciones se manifestaba en las miradas decepcionadas de amigos y familiares.

Las palabras de confianza se transformaban en susurros de desconfianza, y la aceptación daba paso al distanciamiento.

El precio de la traición era la ruptura de relaciones que alguna vez florecieron con amor y complicidad.

Laura se hallaba inmersa en una profunda reflexión sobre las consecuencias de sus elecciones.

Cada lágrima que caía era una gota de arrepentimiento, un tributo a la pérdida de la inocencia y la realidad desgarradora de las heridas infligidas.

Gabriel, también, se enfrentaba al abismo de las consecuencias, reconociendo el dolor causado y enfrentando las miradas que antes eran cálidas, ahora se enfriaban con desilusión.

El precio de la traición no solo se pagaba con lágrimas, sino también con la soledad que se instalaba como una sombra persistente.

La reconstrucción, si es que era posible, requería más que palabras de disculpa; necesitaba actos de redención y un compromiso genuino con la restauración de la confianza perdida.

En este capítulo, la narrativa exploraba la complejidad de sanar heridas profundas y el desafío de enfrentar las consecuencias de las elecciones impulsivas.

El precio de la traición, aunque inmenso, era una factura que debían saldar para descubrir si la redención y la reconciliación eran posibles en el oscuro panorama

que se extendía ante ellos.

CAPÍTULO 9 BUSCANDO PERDÓN

En el rastro de la destrucción causada por la traición, el noveno capítulo de "Infiel" abría las puertas a la difícil travesía de Laura y Gabriel en busca de perdón.

Los fragmentos de confianza rotos requerían más que simples disculpas; necesitaban un viaje de redención y una reconstrucción minuciosa de los lazos sentimentales desgarrados.

Laura, con el peso del arrepentimiento aplastándola, se embarcó en la difícil tarea de mendigar el perdón de aquellos que había lastimado.

 Sus palabras, cargadas de sinceridad y pesar, resonaban en las habitaciones donde antes reinaba la armonía, buscando sanar el dolor que ella misma había causado.

Cada disculpa se convertía en una ofrenda de humildad, un intento de reparar lo irreparable.

Gabriel, también, se encontraba en una búsqueda ferviente de redención.

Las lágrimas de quienes lo amaban se convertían en espejos que reflejaban el daño causado, y cada paso hacia el perdón era una travesía a través de su propia oscuridad interior.

Reconocer sus errores y enfrentar las consecuencias se volvía una tarea abrumadora, pero necesaria para construir puentes sobre los abismos creados por la traición.

El capítulo de "Buscando Perdón" exploraba las emociones tumultuosas de aquellos que se atrevían a admitir sus fallas y pedir clemencia.

Las lágrimas compartidas y los abrazos vacilantes marcaban el camino hacia la reconciliación, mientras la esperanza renacía lentamente entre las cenizas del dolor.

Pero el perdón, sabían Laura y Gabriel, no era un regalo automático.

Debían demostrar, a través de acciones concretas, que las lecciones aprendidas en el duro camino de la traición se convertirían en cimientos sólidos para un futuro más honesto y fiel.

En este capítulo, la búsqueda del perdón no solo se convertía en una redención personal, sino también en el cimiento sobre el cual construirían las nuevas bases de sus vidas.

CAPÍTULO 10 SEPARACIÓN

"Infiel" marcaba un giro crucial en la travesía de Laura y Gabriel, llevándolos hacia el doloroso territorio de la separación.

Con el perdón buscado y algunas heridas cicatrizadas, la realidad de las elecciones pasadas se imponía, exigiendo decisiones difíciles que resonarían a lo largo del tiempo.

La separación, como un eco triste, resonaba en los susurros de conversaciones y en el espacio entre miradas.

Laura, atormentada por la dualidad de sus sentimientos, se veía enfrentada a la inevitable encrucijada de elegir entre dos mundos.

La estabilidad y la seguridad de su vida anterior, ahora tintadas por la sombra de la traición, se enfrentaban al atractivo magnético de un futuro incierto con Gabriel.

Gabriel, por su parte, se encontraba en un estado de reflexión profunda.

Las consecuencias de sus acciones se manifestaban en la realidad de la separación, y la pérdida de lo que alguna vez compartió con Laura dejaba un vacío doloroso en su corazón.

La distancia física se volvía un reflejo tangible de las barreras emocionales que debían enfrentar.

La separación no solo era un adiós a una relación clandestina, sino también un lamento por las pérdidas colaterales: amistades fracturadas, confianza irrecuperable y la sombra alargada del pasado que los perseguiría a ambos.

Las lágrimas compartidas y las despedidas silenciosas marcaban el inicio de una nueva etapa, donde las decisiones tomadas resonarían en el tejido del tiempo.

"Infiel" exploraba el capítulo de la separación como un acto necesario pero doloroso en la historia de Laura y Gabriel.

La distancia se convertía en una frontera entre lo que fue y lo que podría ser, mientras los personajes enfrentaban el desafío de seguir adelante sin la certeza de lo que el mañana les deparaba.

CAPÍTULO 11 RECONTRUCCION PERSONAL

El capítulo 11 de "Infiel" marcaba el comienzo de la ardua travesía de Laura y Gabriel hacia la reconstrucción personal.

Después de la separación, la necesidad de sanar heridas internas y forjar nuevos caminos se volvía imperativa.

Era un capítulo de redescubrimiento, de aprender a vivir consigo mismos después de la tormenta de la traición.

Laura, inmersa en el proceso de reconstrucción, se sumergía en la búsqueda de su propia identidad más allá de las relaciones tumultuosas.

Enfrentando la soledad y el eco de decisiones pasadas, se embarcaba en un viaje de autodescubrimiento, tratando de encontrar la fuerza interior que la traición amenazó con arrebatarle.

Gabriel, también, se encontraba en la encrucijada de reconstruir los fragmentos de su ser.

Las cicatrices emocionales dejadas por la traición se convertían en un recordatorio constante, pero también en un catalizador para el cambio.

A través de la introspección y el compromiso con su crecimiento personal, buscaba convertirse en alguien más fuerte y resistente.

La reconstrucción personal no era solo un proceso interno, sino también externo.

Laura y Gabriel exploraban nuevos horizontes, adoptando pasiones olvidadas y abrazando oportunidades que antes les eran desconocidas.

En cada paso, se alejaban de las sombras del pasado, construyendo una versión renovada de sí mismos.

Este capítulo de "Infiel" exploraba la posibilidad de la curación y la resiliencia, mostrando cómo los personajes principales podían transformar el dolor en una fuerza impulsora para el cambio.

A medida que se adentraban en el viaje de reconstrucción personal, se enfrentaban a la dualidad de aprender a vivir consigo mismos antes de poder construir relaciones

más saludables en el futuro.

CAPÍTULO 12 REENCUENTRO CASUAL

El destino, con sus giros inesperados, tejía un nuevo capítulo en la historia de Laura y Gabriel.

El duodécimo capítulo de "Infiel" los llevaba hacia un reencuentro casual, donde el pasado se entrelazaba con el presente de una manera que ninguno de los dos había anticipado.

En un escenario inesperado, Laura y Gabriel se encontraron cara a cara después de la separación.

El aire estaba cargado de una tensión silenciosa, y el murmullo de las memorias compartidas resonaba en el espacio entre ellos.

Las miradas se encontraron, y en ese instante, el tiempo pareció detenerse, como si el universo mismo estuviera observando cómo estos dos destinos convergían una vez más.

El reencuentro casual trajo consigo una mezcla de emociones complejas.

Había sorpresa, nostalgia y, sobre todo, el eco de las decisiones pasadas reverberando en el aire.

Las palabras no dichas flotaban entre ellos, creando un diálogo silencioso que expresaba más que cualquier conversación podría hacerlo.

Para Laura y Gabriel, este reencuentro era un recordatorio

tangible de la conexión que una vez compartieron.

Los sentimientos que habían creído enterrados resurgían a la superficie, desafiando las fronteras que habían intentado establecer después de la separación.

¿Era este un giro del destino, una segunda oportunidad, o simplemente un recordatorio de que algunas conexiones son indestructibles?

"Infiel", en su duodécimo capítulo, exploraba el poder del tiempo y el espacio en la transformación de las relaciones.

El reencuentro casual presentaba a Laura y Gabriel con una encrucijada: seguir adelante por caminos separados o permitir que el pasado influyera en el presente de una manera que desafiara todas las expectativas.

.

CAPÍTULO 13 SEGUNDAS OPORTUNIDADES

En el vibrante tejido de "Infiel", el capítulo 13 se erigía como un umbral hacia la posibilidad de segundas oportunidades.

Laura y Gabriel, después del reencuentro casual, se encontraban ante la encrucijada de decidir si seguirían caminos divergentes o si, contra viento y marea, se aventurarían a redescubrir lo que una vez compartieron.

Las segundas oportunidades se desplegaban como un lienzo en blanco, esperando ser pintado con las pinceladas de decisiones conscientes y acciones deliberadas.

La fragilidad de lo que podría ser chocaba con la fuerza de la historia compartida, y ambos se encontraban evaluando si estaban dispuestos a arriesgar sus corazones una vez más.

El capítulo exploraba la complejidad de perdonar y ser perdonado, de reconstruir sobre las ruinas de lo que una vez fue.

Laura y Gabriel, conscientes de las cicatrices que llevaban consigo, se enfrentaban a la posibilidad de una redención compartida, una oportunidad de transformar la historia de traición en un relato de resiliencia y crecimiento conjunto.

Los diálogos resonaban con sinceridad, las miradas intercambiadas llevaban consigo la promesa de un entendimiento más profundo.

Cada paso dado en la dirección del otro era una afirmación de la creencia en la capacidad de cambio y en la fuerza de la conexión que, a pesar de los desafíos, persistía.

En "Infiel", el capítulo 13 de Segundas Oportunidades abría la puerta a la posibilidad de redimir el pasado, dejando que la esperanza y la voluntad de cambiar guiaran el camino hacia un futuro donde el perdón y el amor pudieran florecer de nuevo.

CAPÍTULO 14 FANTASMAS DEL PASADO

Aunque el camino de Laura y Gabriel hacia segundas oportunidades estaba pavimentado con esperanza, el capítulo 14 de "Infiel" los sumergía en la realidad a menudo incómoda de enfrentar los fantasmas del pasado.

El tejido de sus vidas aún guardaba las sombras de las decisiones anteriores, y las cicatrices emocionales se convertían en recordatorios persistentes de los errores cometidos.

Los fantasmas del pasado se materializaban en momentos inesperados.

Pequeños gestos, palabras sueltas, evocaciones sutiles de lo que una vez fue, traían consigo la carga de las decisiones pasadas.

Laura y Gabriel se encontraban navegando en un mar de recuerdos, donde las aguas turbulentas amenazaban con arrastrarlos de nuevo hacia las profundidades del conflicto.

Las inseguridades y la desconfianza se cernían sobre ellos como sombras inquietantes.

Cada intento de construir un futuro sólido estaba entrelazado con la incertidumbre de si podrían realmente dejar atrás los errores cometidos.

La lucha contra los fantasmas del pasado se volvía una batalla interna, donde la confianza, una vez rota, debía ser reforjada con paciencia y dedicación.

En este capítulo, "Infiel" exploraba la complejidad de superar el pasado cuando las sombras de la traición seguían acechando.

Laura y Gabriel se enfrentaban a la pregunta crucial de si podían liberarse de las cadenas emocionales que aún los ataban a decisiones anteriores o si los fantasmas del pasado serían testigos de la repetición de la historia.

CAPÍTULO 15 COMPROMISOS RENOVADOS

El capítulo 15 de "Infiel" se erigía como un altar de redención y renacimiento.

Enfrentando los fantasmas del pasado, Laura y Gabriel se hallaban en el punto de inflexión de sus vidas, donde los compromisos renovados se convertían en el cimiento sobre el cual construirían un futuro juntos.

Las lecciones aprendidas de los errores pasados se transformaban en la chispa que encendía la llama de una nueva comprensión.

Los compromisos renovados no eran sólo promesas vacías, sino una declaración consciente de cambiar y evolucionar.

Laura y Gabriel se embarcaban en la travesía de reconstruir la confianza y construir sobre terreno firme.

El diálogo entre ellos se llenaba de honestidad y transparencia.

Las palabras no eran sólo susurros en el viento, sino promesas sólidas respaldadas por la determinación de aprender del pasado y construir un futuro diferente.

Cada compromiso renovado era como un ladrillo en la construcción de una nueva historia, una historia donde la resiliencia y la evolución eran protagonistas.

Las acciones hablaban más fuerte que las palabras, y Laura y Gabriel se esforzaban por demostrar su compromiso a través de sus elecciones diarias.

Pequeños gestos de amor y cuidado se convertían en testigos silenciosos de la transformación que se estaba gestando, mientras el vínculo entre ellos se fortalecía con cada día que pasaba.

En "Infiel", el capítulo 15 resonaba con la posibilidad de un renacimiento emocional.

Los compromisos renovados no solo eran una declaración de intenciones, sino también un viaje hacia la construcción de una relación más sólida y resistente, forjada en la fragua de las lecciones aprendidas y la voluntad de cambiar.

CAPÍTULO 16 DESCONFIANZA PERSISTENTE

A pesar de los compromisos renovados y los esfuerzos por construir un nuevo camino, el capítulo 16 de "Infiel" se sumergía en las aguas turbulentas de una desconfianza persistente.

Los fantasmas del pasado no se desvanecían fácilmente, y las sombras de las decisiones anteriores se cernían como nubarrones sobre la frágil estabilidad construida.

La desconfianza persistente se manifestaba en los momentos más inesperados.

Pequeñas grietas en la armadura del compromiso renovado dejaban espacio para las semillas de la incertidumbre.

Laura y Gabriel, aunque luchaban por dejar atrás el pasado, se encontraban aún atrapados en la telaraña emocional de la traición.

Las preguntas sin respuesta y las dudas latentes creaban una tensión constante.

Cada mirada prolongada o conversación ambigua se interpretaba a través del filtro de la desconfianza.

Los esfuerzos por reconstruir la confianza eran como construir sobre arenas movedizas, donde cada paso adelante podía sentirse como dos pasos hacia atrás.

El capítulo exploraba la complejidad de superar las sombras del pasado cuando la desconfianza persistente actuaba como un eco constante.

Laura y Gabriel, a pesar de sus mejores intenciones, se encontraban atrapados en la dicotomía entre el deseo de cambiar y la realidad de enfrentar las consecuencias de las acciones pasadas.

En "Infiel", el capítulo 16 era un recordatorio de que la reconstrucción no era un camino lineal y que las cicatrices emocionales a menudo necesitaban más tiempo para sanar de lo que inicialmente se anticipaba.

CAPÍTULO 17 CELEBRANDO NUEVOS COMIENZOS

"Infiel" resonaba con la esperanza de nuevos comienzos, una celebración de la resistencia del amor a pesar de los desafíos y la persistente sombra del pasado.

Laura y Gabriel, decididos a superar la desconfianza y construir sobre terreno firme, se embarcaban en un viaje de celebración, marcando un hito en su evolución personal y relacional.

La narrativa se tejía con momentos de alegría y complicidad.

Pequeños gestos de cariño y apoyo mutuo se convertían en el lenguaje de la redención, mientras la pareja exploraba nuevas formas de expresar su amor.

La celebración no era solo un evento aislado, sino una afirmación continua de la decisión de ambos de avanzar hacia un futuro compartido.

Amigos y seres queridos se convertían en testigos de esta nueva fase de la relación.

Las sonrisas compartidas y las risas resonaban como melodías de un nuevo comienzo.

Cada abrazo y cada mirada reflejaban la determinación de dejar atrás el pasado y abrazar el presente con renovada esperanza.

Sin embargo, el capítulo también abordaba la fragilidad de los nuevos comienzos.

A pesar de la celebración, las sombras del pasado aún se proyectaban, y Laura y Gabriel eran conscientes de que la confianza recuperada debía ser nutrida y protegida como una planta frágil.

En "Infiel", exploraba la idea de que los nuevos comienzos no solo eran eventos puntuales, sino procesos continuos.

Celebrar los nuevos comienzos no solo era mirar hacia adelante, sino también reconocer y aprender de los desafíos del pasado.

Era un paso audaz hacia el futuro, donde la resiliencia y el amor verdadero se convertían en faros que guiaban el camino.

CAPÍTULO 18 DESAFÍOS CONTINUOS

El capítulo 18 de "Infiel" se sumergía en la complejidad de las relaciones, explorando la realidad de los desafíos continuos incluso en medio de la celebración de nuevos comienzos.

Laura y Gabriel, a pesar de sus esfuerzos, se encontraban enfrentando pruebas que probaban la fortaleza de su amor y la solidez de los cimientos que construían.

Los desafíos continuos se manifiestan en diversas formas: desde malentendidos cotidianos hasta la resistencia persistente de las sombras del pasado.

Las cicatrices emocionales no desaparecían por completo, y cada desafío era una oportunidad para demostrar la madurez emocional y la resiliencia adquirida a lo largo de su travesía.

Las conversaciones difíciles se convertían en la norma mientras Laura y Gabriel navegaban por aguas emocionales turbulentas.

La comunicación honesta se volvía esencial, pero también desafiante, ya que enfrentaban no solo los desafíos externos, sino también las inseguridades internas que amenazaban con socavar la confianza recién construida.

Sin embargo, en medio de los desafíos, el capítulo también resaltaba la fuerza de su amor.

Los momentos de conexión genuina y apoyo mutuo se volvían faros de luz en la oscuridad de los desafíos.

Cada prueba superada fortalecía la base de su relación, construyendo una fortaleza emocional que les permitiría resistir los vientos cambiantes.

"Infiel", exploraba la verdad fundamental de que las relaciones no eran lineales ni exentas de conflictos.

Los desafíos continuos eran recordatorios de la necesidad constante de esfuerzo, comprensión y crecimiento para mantener viva la llama del amor a lo largo del tiempo.

CAPÍTULO 19 REFLEXIONES

El capítulo 19 de "Infiel" se sumía en un momento de pausa, un espacio donde Laura y Gabriel se veían inmersos en reflexiones profundas sobre el viaje que habían emprendido juntos.

Este capítulo permitía a los personajes tomar aliento y contemplar la travesía llena de altibajos que habían recorrido, una oportunidad para examinar no sólo dónde estaban, sino también quiénes eran el uno para el otro.

Las reflexiones se extendían más allá de las superficies de las relaciones, adentrándose en los rincones más íntimos de sus propias almas.

Laura, en momentos de silencio, exploraba las capas de su propia vulnerabilidad y crecimiento. Gabriel, también, se sumía en una introspección que revelaba las complejidades de su evolución personal.

El capítulo ofrecía espacio para la gratitud y el reconocimiento de los cambios positivos.

Las lecciones aprendidas se convertían en pilares fundamentales sobre los cuales construir un futuro más fuerte.

Las lágrimas derramadas y las risas compartidas se convertían en tesoros de una conexión que había soportado las tormentas.

Sin embargo, las reflexiones también destilaban la realidad de que el camino hacia la redención y la confianza era una obra en progreso.

Las sombras del pasado aún se proyectaban, y el futuro estaba lleno de incertidumbres.

Este capítulo servía como recordatorio de que las reflexiones eran un componente esencial del crecimiento continuo, una práctica que permitía a Laura y Gabriel aprender de su historia mientras forjaban un camino hacia adelante.

En "Infiel", exploraba la riqueza de las reflexiones como un espejo que revelaba no sólo el trayecto recorrido, sino también el potencial inexplorado de un futuro que aún estaba por escribirse.

CAPÍTULO 20 EL FUTURO JUNTOS

En el capítulo 20 de "Infiel", Laura y Gabriel se encontraban de pie en el umbral del futuro, listos para escribir un nuevo capítulo en su historia compartida.

Este capítulo no solo era un vistazo al camino que habían recorrido, sino también una mirada anticipada hacia las páginas que aún estaban en blanco, esperando ser llenadas con experiencias compartidas, desafíos superados y un amor en constante evolución.

El futuro juntos se presentaba como un lienzo en blanco, pero no exento de las lecciones aprendidas en el viaje.

Laura y Gabriel se enfrentaban a la promesa de un mañana en el que las experiencias pasadas actuarían como faros guía y no como sombras.

La madurez emocional adquirida les proporcionaba las herramientas necesarias para afrontar los desafíos que el futuro pudiera presentar.

Las conversaciones sobre metas compartidas y sueños entrelazados resonaban en este capítulo.

Laura y Gabriel exploraban la posibilidad de construir una vida juntos, fusionando sus aspiraciones individuales en un tejido más amplio que abrazaba la esencia misma de su amor.

Las palabras de compromiso se convertían en cimientos para los días por venir.

Sin embargo, el futuro juntos no estaba exento de incertidumbres.

Este capítulo exploraba la realidad de que la vida, con su complejidad inherente, podía presentar sorpresas inesperadas.

Laura y Gabriel, aunque miraban hacia adelante con optimismo, sabían que la clave residía en su capacidad para enfrentar los desafíos juntos, como un equipo unido por la historia que compartían.

En "Infiel", el capítulo final celebraba la esperanza del futuro, donde las páginas en blanco se convertían en un espacio para construir recuerdos, superar obstáculos y, sobre todo, continuar el viaje de Laura y Gabriel hacia una historia de amor en constante evolución.

CONCLUSIÓN

En el epílogo de "Infiel", Laura y Gabriel se encontraban en un punto de equilibrio entre el pasado y el futuro, reflexionando sobre la travesía tumultuosa que habían emprendido.

El viaje de la traición a la redención, marcado por altibajos emocionales, desafíos inesperados y momentos de profunda conexión, había tejido un tapiz complejo que narraba la historia de su amor.

La conclusión del libro resonaba con la idea de que las relaciones no eran lineales ni perfectas.

Habían aprendido que el perdón no era un acto único, sino un compromiso constante de crecimiento y evolución personal.

Las cicatrices del pasado, aunque presentes, no dictaban el futuro; en cambio, actuaban como recordatorios de la fuerza necesaria para superar adversidades.

Laura y Gabriel se encontraban en un espacio de aceptación y aprecio mutuo.

Habían descubierto que el amor verdadero no era una entidad estática, sino un organismo vivo que evolucionaba con el tiempo.

Las reflexiones sobre el pasado y las promesas renovadas para el futuro se convertían en la esencia misma de su conexión, una conexión forjada en las llamas de las dificultades superadas.

La conclusión no era el fin de la historia, sino más bien el punto de partida para un nuevo capítulo.

Laura y Gabriel se enfrentaban al futuro con una mezcla de esperanza y realismo, sabiendo que el viaje de la vida nunca sería predecible.

Pero, juntos, estaban listos para afrontar lo que viniera, armados con la fortaleza que solo el amor auténtico y la redención podían proporcionar.

"Infiel" se despedía con la certeza de que la vida estaba llena de giros inesperados, pero también con la convicción de que el amor, cuando se nutría con paciencia y comprensión, podía superar cualquier adversidad.

La historia de Laura y Gabriel, aunque única en su complejidad, dejaba una enseñanza universal sobre la capacidad del corazón humano para sanar y crecer, incluso en las circunstancias más desafiantes.